DIE REIHE
Archivbilder

WALDENBUCH

D1666254

Der historische Stadtkern, das Städtle.

DIE REIHE
Archivbilder

WALDENBUCH

Wolfgang Härtel und Ulrike Felger

SUTTON
VERLAG

Die Autoren

Wolfgang Härtel ist begeisterter Hobbyfotograf und leitet die Fotogruppe Waldenbuch im IBM Klub Böblingen e.V. Wo immer es gilt, historisch relevantes Geschehen in Waldenbuch zu dokumentieren, ist Wolfgang Härtel mit seiner Kamera zur Stelle. An seine berufliche Karriere in einer Wirtschaftsprüfungsgesellschaft schließt sich heute ein aktives Leben rund um seine Hobbys an. Der 65-Jährige lebt mit seiner Familie seit 1973 in Waldenbuch.

Ulrike Felger ist Wirtschaftsjournalistin und beschäftigt sich unter dem Motto „Schreiben ist Erinnern" schon länger mit der Dokumentation von Zeitgeschichte. Nach der Begleitung des Biografie-Projektes „Die Flucht" von Sebald Pallhorn ist das Buch „Stadtarchive Waldenbuch" für sie ein weiterer Beitrag, die Vergangenheit lebendig zu halten. Die 43-Jährige lebt seit 2007 mit ihrer Familie in Waldenbuch.

Sutton Verlag GmbH
Hochheimer Straße 59
99094 Erfurt
www.suttonverlag.de

Copyright © Sutton Verlag, 2010
ISBN: 978-3-86680-608-5
Druck: Druckhaus „Thomas Müntzer" | Bad Langensalza

Inhaltsverzeichnis

Dank

Die Autoren danken den zahlreichen Waldenbucher Bürgerinnen und Bürgern, die Wolfgang Härtel die in diesem Buch veröffentlichten Fotos zur Verfügung gestellt haben und diese mit ihren Schilderungen von Sachverhalten, Menschen und Begebenheiten wieder zum Leben erweckten. Als wertvolle Zeitzeugen erwiesen sich mit ihren hilfreichen Erinnerungen insbesondere Kurt Leonhardt, Walter Keck, Erwin Kaysersberg, Walter Rebmann, Walter Pfäffle und Werner Binder.

Wir danken Hansjörg Rist für seine interessanten Ausführungen zum Haus Rist sowie Reinhard Prölß für seine Einblicke in das Leben und Treiben der Wingolf-Verbindung in Waldenbuch. Unser Dank gilt auch Ulrich Körber, Sohn von Bürgermeister Reinhold Körber, sowie der Archivarin unseres Stadtarchivs, Christine Bührlen-Grabinger, für ihre Recherchen. Thomas Ceska danken wir für Reproduktionen von Archivbildern der ehemaligen Waldenbucher Bank.

Frau Ingrid Ziegler danken wir für die Überlassung der Bücher ihres verstorbenen Mannes, die uns einen reichen Fundus an Informationen zum Leben in Waldenbuch Anfang des 20. Jahrhunderts boten.

Ganz besonderer Dank gilt der Stadt Waldenbuch und ihren Mitarbeiterinnen und Mitarbeitern, die den Autoren auch in Detailfragen mit sachkundigem Rat und unbürokratischer Hilfe zur Seite standen.

Bildnachweis

Vorwort

Wenn alte Fotografien im Laufe der Zeit vergilben, beschädigt werden oder gar verloren gehen, ist das mehr als schade: In der Regel verschwinden mit dem Verlust der Bilder zugleich Geschichten, Anekdoten und Erinnerungen auf Nimmerwiedersehen. Seit fast 200 Jahren ist es möglich, visuelle Eindrücke fotografisch für die Nachwelt festzuhalten. Waren es zuerst gestellte Szenen, eroberte die Fotografie Anfang des 20. Jahrhunderts den Alltag der Menschen und liefert seitdem unschätzbare Momentaufnahmen unserer Existenz. Solche Impressionen aus Waldenbuch in der Zeit von 1910 bis 1965 präsentiert dieses Buch dem interessierten Betrachter.

1363 erstmals urkundlich erwähnt, schmiegen sich die sieben Ortsteile der Schönbuchstadt Waldenbuch malerisch an die Hänge des Aichtals. Das ursprünglich vor allem von Land- und Forstwirtschaft geprägte Städtchen hat sich in den vergangenen Jahrzehnten stetig entwickelt und ist heute fester Bestandteil der Wirtschaftsregion Stuttgart. Die großen Ereignisse und Veränderungen des vergangenen Jahrhunderts haben auch vor Waldenbuch nicht halt gemacht – doch die Auswirkungen waren hier alles in allem weniger dramatisch als in der weiten Welt jenseits von Schönbuch und Fildern.

Wolfgang Härtel sammelt seit vielen Jahren mit Leidenschaft digitale Kopien historischer Fotos mit regionalem Bezug und alte Waldenbucher Motive. Diese Aufnahmen transportieren persönliche Erinnerungen und unsere Geschichte – damit sind sie Teil unserer Identität. Sie zu bewahren, einzuordnen, zu archivieren und auf diese Weise die Vergangenheit für künftige Generationen sichtbar zu machen, ist eine Herausforderung. Denn erst die inhaltliche Erschließung macht aus einem Foto ein aussagekräftiges Zeitdokument.

Die interessantesten und eindrucksvollsten Bilder aus der Sammlung des Hobbyfotografen werden nun erstmals in diesem Buch einer breiten Öffentlichkeit zugänglich gemacht. Die Aufnahmen geben Einblicke in das tägliche Leben der über 600 Jahre alten Stadt Waldenbuch. Die Zusammenstellung erhebt allerdings keinen Anspruch auf Vollständigkeit – zu vielfältig und facettenreich ist die Menge der vorhandenen Fotos. Die Sammlung Wolfgang Härtels umfasst rund 2.000 Bilder, von denen hier nur eine kleine, aber feine Auswahl präsentiert werden kann.

Es gibt Lebensbereiche, die in diesem Buch nicht oder nur unzureichend behandelt werden. Das liegt auch daran, dass zu manchen Aspekten nur wenige Aufnahmen bekannt sind. Wir hoffen daher, dass künftig weitere Waldenbucher ihre Fotoalben für die Digitalisierung ihrer Bilder öffnen werden. Die Auswahl der Fotos erfolgte nach subjektiven Kriterien, auch die Ästhetik und Qualität der Fotografien spielte dabei eine Rolle.

Die Fotogruppe um Wolfgang Härtel möchte Kommunikationsprozesse anstoßen und dem Dialog über die Vergangenheit neue Räume bieten. Neben klassischen Ausstellungen nutzen die Fotofreunde auch das Internet, um ihre Arbeit einem größeren Publikum zu präsentieren. Die regelmäßige Veröffentlichung alter Aufnahmen in den „Stadtnachrichten" hat die Waldenbucher Bevölkerung anregt, sich verstärkt mit den Motiven aus früherer Zeit zu beschäftigen. Sie leistet damit einen wichtigen Beitrag zur Bewahrung der Geschichte. Das Projekt „Waldenbucher Anekdoten" hält beispielsweise Erinnerungen älterer Mitbürger an Menschen und Begebenheiten im Originalton fest und macht diese auch als schriftliche Dokumentation der Nachwelt zugänglich.

Es gibt noch vieles zu tun – denn nur wenn wir die Vergangenheit kennen und würdigen, können wir unsere Zukunft bewusst gestalten.

Wolfgang Härtel und Ulrike Felger
Waldenbuch, im Frühjahr 2010

Literaturhinweise

LIPP, ANNE UND SCHMAUDER, ANDREAS: *Ein Jahrhundert Leben in Waldenbuch*, Stuttgart 1996.
SPRINGER, OTTO: *Geschichte der altwürttembergischen Landstadt Waldenbuch*, Stuttgart 1912.
ZIEGLER, HANS-JOACHIM: *Geschichte der sieben Stadtteile*, Waldenbuch 1989.
ZIEGLER, HANS-JOACHIM: *600 Jahre Schule in der Stadt Waldenbuch*, Waldenbuch 1992.

Blick ins Glashütter Täle um die Wende vom 19. zum 20. Jahrhundert. Der Weiler Glashütte ist heute Ortsteil von Waldenbuch.

1

Stadtansichten und Wegmarken

Wer heute durch Waldenbuch läuft, findet überall Zeugnisse der langen Stadtgeschichte. 1910 lebten in Waldenbuch etwa 1.900 Menschen, diese Zahl wuchs bis 1950 auf rund 3.400 an. Durch den Bau der Reinhold-Körber-Siedlung auf dem Weilerberg fanden die Flüchtlinge des Zweiten Weltkriegs in der Stadt ein neues Zuhause. Der gegenüberliegende Kalkofen entwickelte sich durch den Bau der Oskar-Schwenk-Schule Mitte der 1950er-Jahre und wurde zunächst von Flüchtlingen aus dem Sudetenland besiedelt. Bereits 1931 war Glashütte nach Waldenbuch eingemeindet worden.

Die enge Bebauung des Städtles spiegelt die Entwicklung der über 600 Jahre alten Stadt wider: Dicht gedrängt stehen die Wohnhäuser mit Nebengebäuden wie Scheunen, Ställen oder Schuppen für Geräte. Der Misthaufen zur Straße prägte lange Zeit das Stadtbild. Wasser für den täglichen Bedarf von Mensch und Vieh lieferten zahlreiche Brunnen – erst 1928 wurden Wasserleitungen installiert. Die erste Straßenbeleuchtung konnte 1912 in Betrieb genommen werden und machte den Auftakt zur Elektrifizierung der Häuser.

Der Pfarrgarten (heute Haus der Begegnung) in der Bahnhofstraße, 1956.

Orientierungssuche: Aussicht vom Schloss auf die Stuttgarter und Echterdinger Straße mit den Gasthäusern „Krone" und „Hirsch", ca. 1920. Links der Mitte liegt das Haus des Schuhmachers Karl Rieth. Im kleinen Fachwerkgebäude davor führte er sein Ladengeschäft.

Ruhige Zeiten: die Echterdinger Straße in Richtung Gasthaus „Hirsch", ca. 1925.

Besitzerstolz: Karoline Horrer vor ihrem Haus in der Nürtinger Straße, 1928. Das vor den Häusern lagernde Reisig („Krähle") benutzte man zum Anfeuern.

Sonntagsstaat: Familie Johannes Eberwein vor dem alten Friedhof, ca. 1925.

Enge Gassen: Blick in die Grabenstraße (heute: Auf dem Graben) mit Gasthof „Post", ca. 1955.

Richtungswechsel: hölzerner Wegweiser an der Kreuzung beim Gasthof „Rössle".

1950er-Jahre: die bäuerlich geprägte Marktstraße in Höhe des heutigen Cafés „Am Markt".

Hühnerhof: Vordere Seestraße (früher: Im Gäßle, im Volksmund auch „die Banane" genannt), links die Bäckerei Böpple, ca. 1960.

Gesundheitswesen: die Apotheke von Rudolf Uhland in der Weilerbergstraße, 1928. Für den Bau der Umgehungsstraße wurde das Gebäude 1936 abgebrochen und als heutige „Uhland-Apotheke" an anderem Platz neu errichtet. Den Emmabrunnen an der Stirnseite des Gebäudes verlegte man in die Tübinger Straße an die Treppe zur Uhlandshöhe.

Durchblick I: verwinkelte Gassen im Waldenbucher Städtle, ca. 1955. Links das Gebäude Unter der Mauer 37. Ab hier läuft der Mühlbach unterirdisch bis zur Stadtmühle. Im Hintergrund ist die alte Stadtmauer zu erkennen, rechts das Haus von Luise Seiler.

Infobörse: Austausch von Neuigkeiten am „Luagebänkle" Ecke Neuer Weg und Waldorfer Straße in den 1960er-Jahren.

Brauner Aufmarsch: Versammlung der Waldenbucher SA auf dem Rathausplatz in den 1930er-Jahren.

Impressionen: Dorfleben an der Stadtmauer, ca. 1960. In der Bildmitte rechts stapeln sich Holz-dauben aus Eichenholz – der Ochsenwirt war Küfer.

Kinderspiele: Mittagsstimmung vor der Alten Schule mit Rathaus und Schloss, ca. 1960.

Auf dem Hasenhof: die Bauernhöfe von Hermann Krieg, Johannes und Karl Ruckh sowie Gottlob Ruckh (von links), rechts mit Mütze Fritz Ruckh, ca. 1960. Das mittlere Haus wurde abgerissen und durch einen Neubau ersetzt.

Gruppenbild mit Damen: auf der Brücke zum Anwesen Hartmann in der Surre anlässlich der Hochzeit von Emma und Otto Hartmann, 1933.

Wasserspiele I: Hilde und Berta Ruckh am Hasenhofbrunnen, ca. 1935.

Winterstimmung: Blick in die Alfred-Ritter-Straße (früher Böblinger Straße), Haus Kayser, Lagergebäude der damaligen Spar- und Darlehnskasse und Haus Rebmann (von links) in den 1920er-Jahren.

Neubaugebiet: die ersten Häuser in der Siedlung Liebenau, um 1922. Sie wurde auch „Beamten-siedlung" genannt, weil dort Pfarrer, Studienräte, ein Musikdirektor, ein Ingenieur sowie der Journalist und Schriftsteller Hans Heinrich Erler wohnten.

Sommerfreuden: das Freibad im Siebenmühlental an der Burkhardtsmühle, 1931. Betreiber war Sägemüller Rudolf Waidelich. Im Hintergrund ist die Hangsicherung der Schönbuchbahn zu sehen.

Wasserspiele II: Ida Herre mit Schwester Irene und Mutter Emilie, geb. Sprenger, beim Wasserholen am Brunnen auf dem Grundstück Rennwiese von Schuhmacher Karl Rieth, 1925. Der Brunnen existiert nicht mehr.

Sensationslust: Schaulustige bei einem Autounfall in den 1920er- oder 1930er-Jahren am Seitenbachviadukt an der Straße nach Dettenhausen.

Durchblick II: die Arkaden Unter der Mauer am Backhaus, ca. 1960. Hinten das wegen Baufälligkeit abgerissene Haus von Weißgerber Wilhelm Kayser.

Stadtansicht: Blick vom Tieräcker auf das Städtle, ca. 1965. Im Vordergrund die Firmen Lorch und Nafzer.

2
Über den Dächern von Waldenbuch

Das 1927 auf einer Bergkuppe gegenüber der Altstadt erbaute Wochenendhaus auf einem knapp zwei Hektar großen Grundstück wird im Volksmund „Starenkasten" genannt. Schon nach seiner Errichtung diffamierte es die Presse als „Bienenhaus für 1.000 Völker". Der Stuttgarter Bauherr Fritz Rist hatte den damals kahlen Hügel mit Sorgfalt ausgewählt. Die Planung von Gebäude, Inneneinrichtung und Freiflächengestaltung lag in den Händen von Regierungsbaumeister Walther Rist. Das heute unter Denkmalschutz stehende Haus spiegelt bis ins Detail den Bauhausstil wider. Genutzt wird das Wochenendhaus heute immer noch von der Familie Rist.

Der „Starenkasten": Haus Rist.

Bauarbeiten: Bau des Planschbeckens. In der Mitte mit Kopftuch Rosl Bauer, rechts daneben Gottlob Mundle, sitzend Karl Leonhardt.

Lohn der Mühe: Das Kinderplanschbecken ist fertig!

Kühner Schwung: Haus Rist in der Bauphase, 1927.

Wintersport: Familie Rist. Von links erkennt man: Lydia Rist (Schwester von Fritz Rist), Fritz Rist, N.N., Emma Rist (Ehefrau von Otto Rist), Axel Rupp, Regierungsbaumeister Walther Rist (Architekt des Hauses Rist) und Geometer Otto Rist.

Gartenarbeit: auf dem Grundstück Rist. Von links: Karl Leonhardt, Rosl Bauer und Gottlob Mundle.

Kaffeetafel: im Wohnzimmer Haus Rist. Ganz links Neffe Heinz Wehaus, der auch beim Erstbezug des Hauses an Weihnachten 1927 mit dabei war, ganz rechts Fritz Rist.

Sommerfrische – von links: Fritz Rist, ein unbekanntes Kind, Rosl Bauer (Haushälterin von Fritz, wohnte im Gaiern), Berta Leonhardt, Karl Leonhardt und Gottlob Mundle. Das Foto machte Karl Leonhardt mit Selbstauslöser, ca. 1930.

Ausfahrt – von links: Rosl Bauer, N.N., Fritz Rist, Gottlob Mundle, Berta Leonhardt und Karl Leonhardt im Wanderer-Cabriolet.

Es ist vollbracht: Haus Rist im Jahre 1928.

Luftige Höhe: Blick von der Straße Unter der Mauer auf Haus Rist. Links sieht man Fritz Rist mit einer Rolleiflex-Kamera und Hund. Das Bild machte der Waldenbucher Fotograf Karl Leonhardt 1927.

3

Lebenszyklen und gesellschaftliches Leben

Seit Mitte des 19. Jahrhunderts prägten Vereine das gesellschaftliche Leben in Waldenbuch. Dort erlebte man gesellige Stunden unter Freunden und vergaß für kurze Zeit den harten Alltag. Ab 1841 wird beim Waldenbucher „Liederkranz" der Sangeslust gefrönt. 1888 entstand der Musikverein, der Turnverein wurde 1891 gegründet. Er erhielt 20 Jahre später eine Halle oberhalb des Gänsgartens (heute Gelände der Firma Ritter Sport). Auch im Radfahrerverein wurde Sport betrieben.

Das Wort Freizeit war vor gut hundert Jahren ohnehin für die meisten ein Fremdwort. Arbeitsfrei waren wenige Stunden am Sonntag, diese wurden zum Kirchgang, für Verwandtenbesuche oder einen Spaziergang mit der Familie genutzt. Wer es sich leisten konnte, ging in eine der zahlreichen Wirtschaften zum Kartenspiel oder ins Gasthaus „Rössle" zum Kegeln. Festliche Momente hielt vor allem das kirchliche Leben bereit: Taufen, Geburtstage, Hochzeiten und Beerdigungen waren zusammen mit den Kirchenfesten im Jahreslauf die Klammer im Leben der Menschen.

Aufgeputzt: Festzug des Radfahrervereins mit Ehrenjungfrauen durchs Glashütter Täle, ca. 1920.

Konzentration: Fußballpartie auf dem alten Sportplatz, ca. 1955. Im Hintergrund erkennt man den Weilerberg.

Schweres Gerät: Planier- und Verdichtungsarbeiten der 503. Pionierkompanie der US-Armee beim Bau des neuen Sportplatzes auf dem Kalkofen, 1959.

Fußballspiel: auf dem alten Sportplatz im Alten Hau, ca. 1953. Dieser wurde später im Zuge der Erweiterung des Areals der Firma Ritter bebaut.

Neue Sportanlage: Richtfest des Hallenneubaus am Ritter-Sport-Stadion auf dem Kalkofen, 1962.

Gleichschritt: Die Jugend marschiert – von der Bahnhofstraße in die Vordere Seestraße, ca. 1935. Links ist der Gasthof „Sonne" zu sehen.

Attraktion: zwei neue Glocken für St. Veith, 1962. Von links: Stadtrat und Zimmermeister Wilhelm Landenberger („Säge Helmer"), Pfarrer Wack, Lammwirt Karl Müller und mit Foto Karl Knapp.

Ehrfurcht: Die Glocken werden unter großer Anteilnahme der Bevölkerung feierlich zur Kirche gefahren, 1962.

Glanzstück: Die beiden neuen Glocken faszinieren Groß und Klein.

Stattlich: Familie Wilhelm Barth, ca. 1920. Der Patriarch war Kutscher bei König Wilhelm II. von Württemberg. Um Namensverwechslungen mit dem König zu vermeiden, wurde er auf Wunsch der Königin „Louis" genannt.

Feierlicher Moment I: Hochzeitszug von Josef und Doris Robottka, geb. Auch, von der Kirche zum Gasthof „Linde", 1957.

Feierlicher Moment II: Feierlichkeit am Marktbrunnen. Hochzeit von Jakob und Luise Klein, geb. Burkhardt (Glaser), 1947.

Klothildes Geburtstag – von links: Irene Herre, Rosel Müller, Klothilde Schmid, Martha Weiss, Helene Ruckh, Frau Schmid und Hella Schmid, 1926.

Momentaufnahme: besinnlicher Jahreswechsel bei Familie Knapp, 1930/31. Die Männer spielen mit einem Stabilbaukasten der Firma Märklin.

Ruhe vor dem Sturm: Familienfoto in der Surre mit Puppenwagen, ca. 1938.

Leistungsträger: Männer der Freiwilligen Feuerwehr nach erfolgreichem Ablegen des Leistungs-
abzeichens in Mötzingen, 1964.

Gute Stimmung: Faschingsgesellschaft des TSV Waldenbuch, 1953.

Das ist Waldenbuch, das Scheidungsparadies. Das Gebäude rechts neben der Kirche ist auf den Grundmauern des Schlosses erbaut, wo Prinz Moritz von Waldenbuch den berühmt gewordenen Scheidungserlaß unterschrieb.

Als Vertreter der Kirche verurteilt der Ortsg... die Waldenbucher Scheidungspraxis ganz e... den. Er kann an Hand einwandfreier Dok... nachweisen, daß zur Zeit des Prinzen Mo... Bürgermeister sein Scheidungsrecht nie c...

Schwaben hat sein „Reno"

In der kleinen Stadt Waldenbuch kann man sich vom Bürgermeister scheiden lassen

„Ein unmöglicher Zustand", heißt es in eine... pellation des Württembergischen Landtags, ... in wenigen Tagen erneut mit dem „Fall ... buch" beschäftigen wird. Die Scheidungsvo... des dortigen Bürgermeisters geht auf de... eines mittelalterlichen Herrschers, Prinz ... zurück. Der Urtext wurde vor wenigen Jal... Waldenbucher Stadtarchiv neu entdeckt... die in Waldenbuch geübte Praxis der Ehesc... gen fehlt uns zur Zeit jede gesetzliche Han... erklärte uns der Referent des Innenministeriu... „schwäbischen Reno" wird lustig weitergese...

Aus ganz Deutschland kommen die Scheidungslustigen. Gasthofbesitzer Barth meint dazu: „In Reno müssen sie drei Wochen bleiben, hier genügt leider schon ein Tag."

Erbost stürzten sich verschiedene Scheidungs-Aspiranten auf den HEUT... graphen, als er die Wartenden vor dem Bürgermeisteramt aufnehme...

16

Das vermeintliche Scheidungsparadies Waldenbuch in Wort und Bild. Die lustige Bildgeschichte erschien 1951 in der Illustrierten „Heute". In den Hauptrollen: der damalige Bürgermeister

Vor der Scheidung werden die Paare — natürlich getrennt sitzend — über das Wesen der Waldenbucher Scheidungen belehrt. Beide Teile müssen mit der Scheidung einverstanden sein, und Unterhaltsansprüche dürfen von keiner Seite gestellt werden. Nur kinderlose Ehen werden getrennt. Wer schon öfter als dreimal geschieden wurde, hat in Waldenbuch keine Aussichten. Das hatte schon im Jahre 1451 Prinz Moritz in seinem Erlaß bestimmt. Durchschnittlich werden täglich 20 Ehen getrennt.

Beim Frühstück trinkt jeder seinen Kaffee für sich allein — zum Mittagessen ist man bereits geschieden. Manches Paar hat es sich beim Frühstück allerdings noch anders überlegt.

Feierlich überreicht Bürgermeister Wunderlich von Waldenbuch einem frisch geschiedenen Paar die Scheidungsurkunde. Sie wird heute von allen deutschen Gerichten anerkannt. Die Formalitäten sind kurz, aber dem Ernst der Stunde entsprechend feierlich. Auch die Gemeindekasse ist zufrieden.

Ludwig Blümlein sowie der Bauunternehmer und „Grantler" Ernst Auch, unterstützt von weiteren Waldenbucher Bürgern.

Lustiges Beisammensein: im Gasthof „Linde". Links außen Lindenwirt Reinhold Staiger.

Tanzvergnügen: Abendveranstaltung im Saal der „Linde", 1960.

Hollywood lässt grüßen: Eröffnungsfeier der Rosen-Lichtspiele Waldenbuch, Familie Eugen Todt, Grabenstraße am 27. November 1958.

Dicke Backen: Die Blasmusik spielt auf. 600-Jahr-Feier der Stadt Waldenbuch, 1963.

Auf Schusters Rappen: Wandergruppe zu Besuch im Gasthaus „Waldhorn" in der Glashütte, ca. 1939.

Sportliche Männer: Arbeiter-Rad-und-Kraftfahrer-Bund „Solidarität" (ARKB), Ortsgruppe Waldenbuch, 1930.

Präsentation: Wagen des Fuhrgeschäfts Jakob Tritt für die Uniformschneiderei August Herre am ehemaligen Bahnhof anlässlich des Handwerkertags, 1934/35.

Braunhemden: Die SA posiert vor der Schokoladenfabrik, ca. 1936. Als Dritten von links erkennt man NSDAP-Ortgruppenleiter Erwin Knödler.

Feierlicher Moment III: Hochzeitszug von Wilhelm und Rosel Landenberger auf dem Marktplatz, 1938.

Alpha et Omega: Der Alte Friedhof an der Echterdinger Straße war das Refugium von Totengräber Fritz Schmid, hier mit seinem gleichnamigem Sohn und seiner Ehefrau (Spitzname „Dettesbaas"), ca. 1930.

4

Gaudeamus igitur
Studenverbindung Wingolf

Da stehen sie stramm auf dem Marktplatz, umgeben von der Waldenbucher Bevölkerung – ein Spektakel! Reden werden gehalten auf die Reichsgründung und vieles mehr. Alles sieht formell aus und ist es wohl auch. Doch die gestrengen Herren sind gleichzeitig eine zu Späßen aufgelegte Studentenschaft, die bierfröhlich durchs Städtle zieht. Bonbons werden an Kinder verteilt und des Nächtens werden Studentenstreiche angestellt. Seit 1921 ist Waldenbuch der Treffpunkt der drei schwäbischen Wingolf-Verbindungen Tübingen, Stuttgart und Hohenheim.

Wenn die Studenten kommen, wird Waldenbuch regelrecht besetzt. Das Wappen wird – zur Belustigung der Beteiligten – an der Krone angebracht. Ist das Fass erst angestochen, geht es hoch her! Es wird „gekneipt", wie es im Verbindungsjargon heißt. Die Studenten singen, trinken, tragen Witze vor. Je länger der Abend, desto besser die Stimmung.

Haltung: Waldenbucher Konvention, 1925.

Angezapft: Gruppenbild mit Kronenwirtin „Mutter Wagner" und Flaschnermeister O. Grieger, 1921.

Kommers: die erste Waldenbucher Konvention der Studentenverbindung Stuttgarter Wingolf beim Treuschwur im Gasthof „Krone", 1921.

Heiteres Quartett: vor dem Gänswiesebrunnen – die erste Konvention in Waldenbuch, 1921. Rechts ist Kurt Leonhardt zu erkennen.

Schabernack: Umzug der Confuxia (so wird die Gemeinschaft der neu Eingetretenen genannt) über die Kronenbrücke, 1931.

Symbole: Das Wappen wird für die Dauer der Konvention angebracht, Wintersemester 1933/34.

Hochstimmung: in der „Krone", 1932.

Stramme Burschen: Waldenbucher Konvention, Wintersemester 1933/34.

Kindergaudi: Bei den Studenten ist immer etwas los, Wintersemester 1933/34.

Eisgalgen: Das Gerüst zur Eisherstellung der Brauerei Lamm lädt zu Späßen ein, 1931.

Inszenierung: studentischer Schabernack vor dem Eisgalgen, Wintersemester 1934/35.

3

Kindheit und Alltagsleben

Die Kindheit in der ersten Hälfte des 20. Jahrhunderts hielt vor allem Entbehrungen und harte Arbeit bereit. Kinder wurden schon früh angehalten, in Haus, Garten und auf dem Feld mitzuhelfen. Zum Spielen blieb kaum Zeit: Die Mädchen spielten Ball oder machten Hüpfspiele, eine Puppe galt als großer Luxus. Die Jungen pflegten Fang- und Wettkampfspiele oder spielten mit Murmeln. Abwechslung bot die Aich: Im Sommer ging man zum Schwimmen ans Wehr, im Winter lockte das Eis.

In der Schule waren Klassen mit bis zu 50 Kindern keine Seltenheit. Unterrichtet wurde zeitweise an drei verschiedenen Orten der Stadt. Die Glashütte hatte ab 1898 ein eigenes Schulhaus, welches 1968 geschlossen wurde. Nach der siebten Klasse begann für die Kinder nach der Volksschule die Arbeit – und der Ernst des Lebens. Knochenarbeit war die Haushaltsführung: Brot wurde gegen ein geringes Entgelt im Backhaus selbst gebacken. Waschen war bis zum Siegeszug der Waschmaschine eine kräftezehrende Arbeit – nicht jeder konnte sich Seife als Waschhilfe leisten.

Kinderzeit: Waldenbucher Nachwuchs beim Spielen unterhalb des Weilerbergs.

Reisefieber: Schulausflug des Jahrgangs 1942 am Bahnhof Waldenbuch, ca. 1952.

Puppenmütter: Kinder beim Spaziergang, ca. 1958. Von links: Margarete Knapp, Doris Knapp, Lisel Ruckh und Rose Soukup.

Einfallsreichtum: Budenbauen in der Danneckerstraße, 1958.

Flotter Reifen: Auch ein Holzroller kann Tempo machen. Links Karl Neff, rechts Rudi Kailuweit.

Festumzug: Kinderfest der Grundschule, 1949. Thema des Jahrgangs 1939 war „Hochwasser im Gaiern". Die Kinder sollten deshalb Gummistiefel mitbringen – soweit vorhanden.

Turnerjugend: mutige Reiter vor dem Gasthaus „Rössle", ca. 1960.

Aufgereiht: Winterfreuden im Städtle, ca. 1955.

Wettrennen: Schlittenfahren in der Danneckerstraße.

Sommerglück: Das zweite Wehr der Aich am alten Sportplatz wurde bis etwa 1960 als Freibad genutzt. Es dient heute noch der Versorgung des Mühlkanals. Aufnahme um 1955.

Gemeinschaftsgefühl: Frühschoppen der Ministranten beim Waldfest des Liederkranzes Waldenbuch, ca. 1958.

Verbotene Kletterpartie: Kinder in einem Wasserrad, das zur Energieerzeugung benutzt wurde, auf dem Gelände des Gewindespindelherstellers Wilhelm Neff in der Böblinger Straße 47, 1951. Von links: Rudi Kailuweit, Helmut Neff und Karl Neff.

Ausflug: Schulwanderung zum Flughafen mit Lehrer Holder, 1962. Von links: Wolfgang Wagner, Dieter Maurer, Resi Müller, Wilfried Auch, Isolde Raisch, Heike Eberwein, Christel Seeger, Rose Seidt, Helmut Schaffer, Eugen Kühbauch, Manfred Zöller, Werner Ottmüller und Brigitte Schnell.

Idyll: Schulklasse im Vorgarten des Glashütter Schulhauses, ca. 1900.

Glücklicher Moment: Jahrgang 1934/35 der Waldenbucher Grundschule mit Lehrer Pfeiffer, 1948.

Besitzerstolz: Familie Vogt beim Ausflug ins Grüne, ca. 1934.

Männerarbeit: Grillfreuden beim Ausflug des Schützenvereins, ca. 1960.

Knochenjob: wöchentlicher Waschtag in der Danneckerstraße, 1949. Links Barbara Knapp, rechts Emma Knapp.

Gruppenbild: Familie Auch in der Nürtinger Straße, die im Volksmund „im Bloh" genannt wird.

6

Originale und Charaktere

Die Aufnahmen Waldenbucher Originale aus der Zeit von 1910 bis 1965 sprechen für sich: Sie erzählen von einem harten, arbeitsreichen Leben, in dem sich alles um das tägliche Brot drehte. Und sie spiegeln die Momente des kleinen Glückes, den Stolz über Geleistetes und den Bezug zu dem, was das tägliche Brot einbrachte.

Die abgebildeten Personen sind Stellvertreter für all jene Menschen, die über Jahrzehnte hinweg das Leben und das Bild Waldenbuchs geprägt haben. Häufig kennt man diese alten Waldenbucher nicht unter ihrem richtigen Namen, sondern unter anderen Bezeichnungen wie zum Beispiel „Bot" für den Fuhrunternehmer Jakob Tritt, der Anfang des 19. Jahrhunderts dreimal in der Woche nach Stuttgart fuhr, dabei Waren hin- und zurücktransportierte und so die Brücke zur Welt außerhalb des Schönbuchs darstellte.

Mit Fortschreiten der Jahrzehnte wandeln sich die Gesichter. Ein bescheidener Wohlstand wird erkennbar und die Skizze Waldenbucher Köpfe aus den 1970er-Jahren zeigt: Waldenbuch ist im Hier und Jetzt angekommen.

Unser täglich Brot: Marie und Jakob Fischer in ihrer Wohnstube im Heimbach, 1920. Jakob Fischer war 25 Jahre Fuhrknecht in der Stadtmühle.

Tradition: Zimmermann Wilhelm Landenberger übte bis 1984 als Letzter die 500 Jahre bestehende Bauholzgerechtigkeit aus. Sie garantierte Uralteingesessenen kostenloses Bauholz erster
Güte für Reparatur oder Wiederaufbau.

Altes Paar: der Kupferschmied und Flaschner Laubengaier mit Frau, Auf dem Graben, ca. 1930.

Zukunftsplan: Hochzeit von Fabrikant Willi Neff und Ida Pfannenschwarz, 1935.

Ehejahre: Goldene Hochzeit von Ernst und Anna Pfannenschwarz, geb. Schlecht, 1950.

Der Ladeschaffner: August Rappoldt mit seinem Hund. Er war bis etwa 1958 Feldschütz und Gemeindediener (Ausscheller amtlicher Bekanntmachungen) der Stadt Waldenbuch.

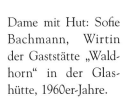

Dame mit Hut: Sofie Bachmann, Wirtin der Gaststätte „Waldhorn" in der Glashütte, 1960er-Jahre.

Präzision: Glasermeister Paul
Burkhardt.

Mobilität: Karl Necker („Gaiernbot")
mit seinem Bus, ca. 1940. Diesen holte
er im Büssing-Werk Braunschweig nur
mit Chassis und Motor sowie einer Kiste
Sand auf dem Fahrgestell als Ballast ab.
Die Karosserie montierte später die Firma
Auwärter in Stuttgart-Möhringen.

Zufriedenheit: Lindenwirt Gottlieb Widmaier.

Wasserspiele IV: Gottlieb Widmaiers Frau Emilie, Wirtin des Gasthauses „Zur Linde".

Kritischer Blick: Landwirt Ernst Pfannenschwarz auf der Eichhalde beim Schärfen seiner Sense, 1942.

Prominenz: der gelernte Huf- und Wagenschmied Paul Binder auf seiner bekannten fahrbaren Holzsäge.

Impressionen: Waldenbucher Köpfe, gezeichnet von Erwin Kaysersberg in den 1970er-Jahren.

Alterslinien: Johannes Landenberger mit einem seiner wichtigsten Werkzeuge als Wagner.

Bacchus: Hermann Ruckh, Sonnenwirt vom Hasenhof.

7

Handwerk, Land- und Forstwirtschaft

Als die Wege noch lang und das Reisen beschwerlich war, prägten auch in Waldenbuch Handwerk, Forst- und Landwirtschaft das wirtschaftliche Leben. Wiesen und Felder, aber auch die Wälder des Schönbuchs boten zahllosen landwirtschaftlichen Betrieben eine Existenzgrundlage.

Nicht nur die Bauern besaßen Acker- und Gartenland, Baumwiesen und Vieh, auch viele Handwerker betrieben nebenher eine kleine Landwirtschaft, um ihren Lebensunterhalt zu bestreiten. Viele gingen im Winter in den Wald, um Geld beim Holzmachen zu verdienen. Wer heute durch die Glashütte wandert, spürt diese Tradition auf Schritt und Tritt.

1910 gab es in Waldenbuch über hundert Handwerksbetriebe, die vielen Menschen das Auskommen sicherten. Wer vor Ort keine Arbeit fand, musste außerorts, oft in Stuttgart, Arbeit finden und kam nur am sehr kurzen Wochenende von Samstagabend bis Sonntagmorgen nach Hause. Ein tägliches Pendeln, wie es heute gang und gäbe ist, war angesichts der beschwerlichen Reise damals völlig undenkbar.

Handarbeit: die alte Werkstatt der Drechslerei Johannes Hartmann in der Oberen Sägmühle („Surre"), 1926.

Große Räder: Karl und Frieder Fauser mit ihrer Dampfwalze für den Straßenbau, ca. 1930.

Kundenempfang: die Schmiede Wilhelm Weinhardt (auch „Grabenschmied" genannt) im Studentenweg.

Langholz: Das Sägewerk der Gebrüder Landenberger mit Holzhandlung und Zimmerergeschäft war bis 1990 in Betrieb. Diese Aufnahme entstand um 1950.

Unternehmerstolz: die Landenbergers beim Handwerkertag mit dem Wagen des Sägewerks vor der alten Turnhalle.

Gemeinschaftsleistung: Transport eines kapitalen Eichenstamms auf dem Gelände des Waldenbucher Bahnhofs. Vorn von links: Wilhelm Landenberger senior (Sägewerksbesitzer), Hermann Ottmüller (Fuhrmann), Hermann Wagner (Kronenwirt), Jakob Schönleber (Fuhrmann), Johann Ruckh („Hasenhöfer-Hannes") und Ernst Necker („Gaiernbot"). Auf der Eiche sitzend von links: Heinz Körner, Hans Landenberger, Ernst Necker und Walter Butz.

Heumännchen: Erntezeit im Schönbuch.

Kräftiges Duo: Familie Wilhelm Ruckh bei der Heuernte.

Alternativ Transport: Alfred Eugen Ritter mit einer Helferin, bei der Ernte. Im Hintergrund links die alte Turnhalle.

Verschnaufpause: Ernst und Berta Pfannenschwarz bei der Ernte, 1942.

Familienfoto: Landwirt Wilhelm Ruckh mit seinen Lieben vor seinem Haus auf dem Hasenhof, Weidacher Weg.

Teamarbeit: Kuhgespann der Familie Lüll (Brunnenstraße, Glashütte) bei der Kartoffelernte im Scheithau.

8

Handel, Gaststätten und Gewerbe

Die Volkszählungen von 1895 und 1905 führen für Waldenbuch 46 verschiedene Gewerbe auf. Es gab Industriebetriebe wie die Bürstenwarenfabrik Landenberger, eine Holzdreherei, Sägewerke, zwei Hammerschmieden, eine Blechwarenfabrik und eine Ziegelei. Die Schokoladenfabrik Ritter siedelte sich erst 1930 an, als Waldenbuch mit einer Bahnverbindung nach Stuttgart angebunden war.

Auch wenn Zeit und Geld knapp waren, gab es in der Stadt zahlreiche Gastwirtschaften, von denen heute nur noch wenige existieren. 1930 konnten vergnügungsbereite Waldenbucher zwischen 19 verschiedenen Einkehrmöglichkeiten wählen. Gegessen wurde zu Hause, im Lokal höchstens gevespert.

Im Ausschank gab es vornehmlich Bier. Dieses stammte von der Brauerei Wurster oder der Brauerei Lamm, die über einen tiefen Eiskeller verfügte. Der sogenannte Eisgalgen, ein Holzgerüst, auf dem als Alternative zum Eisschlagen in der Aich im Winter das Eis für die Einkellerung hergestellt wurde, bot ein faszinierendes Fotomotiv.

„Tante Emma": Anna Ottmüller vor dem Lebensmittelgeschäft ihres Mannes am Marktplatz.

Ladenlokal: 1911 zog Kolonialwarenhändler Wilhelm Binder mit seinem 1904 gegründeten Geschäft vom Gasthof „Post" in sein eigenes Haus in der Grabenstraße um. Hier eine Aufnahme von 1969.

Feierstunde: Festlichkeit im Kaufhaus Binder, ca. 1938. Von links: Anita Basten, geb. Wiese, Hilde Krieg, geb. Binder, Verkäuferin Pauline Auch, Hans-Dieter Wiese, Hermann Binder (Sohn des Geschäftsgründers) und Anne Binder, geb. Wetzel.

Warenvielfalt: Kolonialwarenladen Decker im Neuen Weg 7, ca. 1935. Von links: Mathilde Decker, Emil Decker, N.N., Emma Zipf, Gottlob Müller (genannt „Schäfer Göttele").

Straßenhandel: Abverkauf der vom Hochwasser beschädigten Waren des Gemischtwarengeschäfts Friedrich Rühle, Alfred-Ritter-Straße 5, 1953.

Menschenmenge: Einweihung des Neubaus bei Haka in der Bahnhofstraße, 1954.

Abgesang: Als letzte Fahrt im Güterverkehr holte diese Dampflok von der Burkhardtsmühle einen Waggon mit Förderbändern ab, hergestellt von der Waldenbucher Maschinenbaufirma Heinrich Neff, 1956.

Spezialgeschäft: Das Seifenhaus Schaffner in der Vorderen Seestraße 2 war gleichzeitig eine Leihbücherei und bestand bis etwa 1970. Im Eingang stehen Karl Schaffner mit Frau und Kind, links erkennt man den Durchgang „'s Gängle", 1952.

Zeitenwechsel: Das Gasthaus „Sonne" mit Metzgerei in der Vorderen Seestraße wurde später als Lebensmittelmarkt genutzt. Rechts ist das Haus von Oberholzmacher Jakob Müller zu sehen. Heute steht hier das Seniorenwohnheim Sonnenhof. Die Aufnahme entstand um 1935.

Alles unter einem Dach: die Bierbrauerei von Karl Müller in der Grabenstraße, ca. 1920. Links befanden sich Scheune und Stall, in der Mitte der Eingang zur Wirtschaft und rechts der Gaststall. Heute ist hier das Gasthaus „Lamm".

Runde Sache: Bierfässer wurden etwa einmal jährlich „ausgepicht", um sie abzudichten. Dafür goss man mit einer Pfanne heißes Pech in die Fässer. Von links: Robert Müller, Karl Müller, Theodor Müller. Fotografie um 1940.

Traditionshaus I: Gasthof „Krone" an der Aich mit seinem Gaststall (rechts). Das kleine Gebäude am Ufer ist die Stadtwaage, ca. 1925.

Traditionshaus II: das bis heute bestehende Gasthaus „Jägerhaus" am Weilerberg. Im Vordergrund ein damals verbreiteter Hanomag-Lieferwagen, ca. 1960.

Stattlich: das Gasthaus „Linde" in der Weilerbergstraße, ca. 1950.

Industrie: das Werksgelände der Firma Alfred Ritter (vormals Schokoladenfabrik Kreuziger-werke) im Jahre 1930. Im Vordergrund ist der alte Sportplatz an der Aich zu sehen.

9

Verkehr und Mobilität

Die geografische Lage Waldenbuchs mitten im Schönbuch garantiert dem modernen Menschen des 21. Jahrhunderts gute Feierabenderholung und frische Luft fernab der Landshauptstadt Stuttgart. Die ständigen Überschwemmungen des Stadtgebiets durch die Aich sind vergessen, der Ausbau der Bundesstraße hat Waldenbuch an das Umland angebunden.

Die eher abgeschiedene und verkehrsungünstige Lage der Stadt machte vor 100 Jahren Verkehrsprojekte zu einer zentralen Herausforderung für die Stadtväter. Ab 1910 verkehrte zweimal täglich ein Bus zwischen Tübingen und Echterdingen. Autos waren noch eine Seltenheit. Man bewegte sich zu Fuß, mit dem Rad oder auf Pferde- und Ochsenfuhrwerken.

Fast schon in Vergessenheit geraten ist eine besondere Episode der Waldenbucher Verkehrsgeschichte: Von 1928 bis 1956 verband die alte Schönbuchbahn das Städtchen über das Siebenmühlental mit Leinfelden und Stuttgart. Die Trasse liegt heute unter dem Asphalt des Bundeswanderweges von Musberg nach Glashütte verborgen.

Land unter: Blick vom Tieräcker auf den Bahnhof während des Aich-Hochwassers in den 1930er-Jahren. Auf der gegenüberliegenden Seite der Wengertberg mit Haus Rist, rechts darunter der ehemalige Sandsteinbruch („Kazmeier-Steinbruch").

Baustelle: Arbeiten für die alte Schönbuchbahn, die Waldenbuch über das Siebenmühlental mit Leinfelden und Stuttgart verband, ca. 1926.

Fuhrpark: die Flotte des Außendienstes der Hakawerk W. Schlotz & H. Kunz GmbH mit Mitarbeitern vor dem Bahnhof Waldenbuch, ca. 1955.

Probefahrt: ein sogenannter Schiene-Straße-Bus auf Erprobung. Im Hintergrund unterhalb des Haltepunktes Glashütte sieht man die Bachenmühle, 1953.

Ungewohnter Anblick: Zugfahrt durch das liebliche Siebenmühlental, 1948.

Der Bote Jakob Tritt (genannt „Bot") pendelte ein- bis zweimal pro Woche zwischen Waldenbuch und dem Stuttgarter Warenumschlagplatz in der Hauptstätter Straße hin und her. An Wochenenden bot er zudem Ausflugsfahrten an. Aufnahme um 1930.

Ein stolzer Autofahrer: Hermann Fauser arbeitete nebenberuflich als Taxifahrer für den Fuhrunternehmer Hugo Hechler.

Mobilität auf zwei Rädern: Motorradfahrer im Sonntagsstaat mit Damenbegleitung, 1930.

Abendstimmung: Unterwegs auf der alten gepflasterten Bundesstraße 27 aus Richtung Steinenbronn, November 1953.

Hoffnungsträger Eisenbahn: Am 22. Juni 1928 konnte die Bahnlinie Leinfelden–Waldenbuch eingeweiht werden. Die Bauzeit betrug mit Unterbrechungen acht Jahre.

Abschied: 1949 fuhr nach über 20 Betriebsjahren der letzte Personenzug auf der Strecke von Stuttgart nach Waldenbuch. 1957 wurde die Strecke komplett stillgelegt und zurückgebaut.

10

Stadtschultheißen und Bürgermeister

In der in diesem Buch behandelten Epoche erlebte auch Waldenbuch turbulente und sehr schwierige Zeiten. Die Wirren der Weimarer Republik, die Weltwirtschaftskrise, die finstere Zeit des Nationalsozialismus und nicht zuletzt die harte Aufbauarbeit in der Zeit nach dem Zweiten Weltkrieg stellten die Menschen vor ungeheure Herausforderungen.

In diesen schwierigen Phasen und Situationen waren die Verantwortlichen in der Stadt besonders gefordert. Das Gesicht der Stadt Waldenbuch, wie wir es heute kennen, ist wesentlich vom Handeln und Wirken der in jenen Jahren amtierenden Stadtschultheißen und Bürgermeister geprägten wesentlich das Gesicht von. Deshalb ist es uns ein Anliegen, diese engagierten und teilweise sehr mutigen Persönlichkeiten am Ende dieses Buches zu würdigen.

Um 1940: Rathaus mit Marktbrunnen und altem Schulhaus, abgebrochen 1969.

Waldenbucher Bürgermeister ab 1905

Von den Amtsinhabern Oskar Blessing (1933), Wilhelm Elsässer (1933–1937) und Otto Gröber (1937–1945) sind keine Bilder vorhanden.

Christian Gottlob Fischer, Stadtschultheiß/ Bürgermeister (1905–1933), Ehrenbürger.

Alfred Eugen Ritter, Bürgermeister (1945– 1946), Ehrenbürger.

Herbert F. Stehli (1946–1948).

Reinhold Körber (1948–1949).

Ludwig Blümlein (1950–1968).

Horst Störrle (1968–2000), Ehrenbürger.

Michael Lutz (seit 2000).

BÜCHER AUS IHRER REGION

Bad Urach
T. Braun, U. Hihn u. L. Holder
ISBN: 978-3-86680-028-1 | 17,90 € [D]

Ludwigsburg
Gesichter einer Stadt
Alke Hollwedel
ISBN: 978-3-86680-482-1 | 17,90 € [D]

100 berühmte Schwaben
Eckart Schörle
ISBN: 978-3-86680-399-2 | 19,90 € [D]

Stuttgart
Eine kleine Stadtgeschichte
Daniel Kirn
ISBN: 978-3-86680-137-0 | 12,90 € [D]

Zeitsprünge **Vaihingen auf den Fildern**
Das verschwundene Dorf
Dietmar Speidel
ISBN: 978-3-86680-416-6 | 18,90 € [D]

Weitere Bücher aus Ihrer Region finden Sie unter:
www.suttonverlag.de

SUTTON
VERLAG ___ Wir machen Geschichte